AF542853

# PRÉSIDENCE

# DE LA RÉPUBLIQUE !

## QUI NOMMERONS-NOUS ?

Petits Dialogues à l'usage des Électeurs.

LE MANS

IMPRIMERIE DE GALLIENNE, RUE DE LA PAILLE,

PARIS

LOUIS LABBÉ, LIBRAIRE,

Rue Saint-André-des-Arts, 51.

1848.

---

Vous me demandez, mon ami, à qui je compte donner ma voix pour la Présidence de la République. Je vous réponds en vous soumettant le manuscrit d'une petite Brochure que j'allais envoyer à l'imprimerie.

*Tout à vous*,

CHARLES RICHELET.

Le Mans, 25 novembre 1848.

# MON AMI & MOI.

## PETIT DIALOGUE

## POUR SERVIR DE PRÉFACE.

---

L'Ami — Je viens de lire vos Dialogues, mon ami, et, si vous m'en croyez, vous renoncerez à les publier.

Moi. — Et pourquoi donc, mon cher? Libre à vous de voter pour un autre candidat; il m'est bien permis, à moi, de parler en faveur d mien.

L'Ami. — Avec l'état de choses où nous nous trouvons, le mieux est peut-être de s'abstenir; on doit craindre de se compromettre.

Moi. — Voilà, mon digne ami, comment sont les poltrons; ils préféreraient se laisser dévorer plutôt que de regarder le loup en face et de lutter avec lui.

L'Ami. — On dira que vous êtes un des agents de votre candidat.

Moi. — Je n'ai pas même l'honneur de le connaître. Ce sera un mensonge de plus, peu m'importe.

L'Ami. — Vous ne vous bornez pas à recommander votre candidat; vous avez l'air de blâmer le Président actuel de la République. N'a-t-il pas sauvé la France?

Moi. — D'abord, mon cher, il n'y pas de Président de la République. Le chef du pouvoir exécutif en remplit bien les fonctions, avec des pouvoirs *au moins* aussi étendus, mais il n'en porte pas le titre, autrement ce serait donner un coup de pied à la Constitution, qui ne permet pas de porter deux fois de suite le même homme à la Présidence, à moins que tout cela ne se pratique comme un jeu d'enfants, et qu'on ne dise : *La première ne compte pas, la voilà* : Ce serait inaugurer la Constitution par une véritable escobarderie. D'un autre côté, je suis bien loin de nier qu'il ait rendu un service à la France, mais je dis que tout autre général eût pu en faire autant, et peut-être avec plus de prévoyance et de spontanéité, nous n'aurions pas à regretter aujourd'hui le sang de nos plus nobles et de nos plus braves défenseurs. L'empereur a presque toujours gagné ses victoires en surprenant l'ennemi, avant de lui avoir donné le temps de se fortifier. Je ne suis nullement, malgré mon reproche, son ennemi personnel, et si je l'avais cru capable de ramener la confiance, en conciliant les partis, je me serais empressé de lui donner ma voix, mais je regarde la chose comme absolument impossible, quand toutes les hautes capacités de l'Assemblée lui ont reretiré leurs concours. Vouloir prolonger cet état de choses, c'est être véritablement l'ennemi de son pays.

L'Ami. — Vous blâmez aussi l'Assemblée et vous paraissez dire que la France n'est pas heureuse sous le régime de la République.

Moi. — Assurément je n'approuve pas en tout l'Assemblée ; je suis bien loin de la croire infaillible, et je trouve qu'elle nous a fait payer chèrement son apprentissage. Vous avez encore raison quand vous dites que j'exprime le regret de ne pas voir la France heureuse sous le régime de la République. Mais cela ne veut pas dire que la République ne puisse être une forme de gouvernement tout aussi bonne qu'une autre, et peut-être même préférable, si elle était franche et loyale, si elle était à l'abri des coteries qui se disputent le maniement des affaires, si le vote universel était respecté dans son indépendance, si les administrations et les fonctionnaires n'étaient pas soumis à la discrétion d'un homme revêtu d'une autorité temporaire, ce qui ne présente aucun gage de stabilité, si deux chambres législatives étaient en présence pour se contrôler mutuellement et empêcher qu'on ne rapportât le lendemain ce qu'on a décrété la veille, si.... si.... si.... Je m'arrête, car sans m'en apercevoir j'entre dans le domaine de la Constitution et je veux la respecter malgré ses imperfections. Les révolutionnaires seuls cherchent à se soustraire aux lois qu'ils n'ont pas faites, et, Dieu merci je ne suis pas révolutionnaire.

L'Ami. — Tout cela peut-être vrai et je suis forcé de tomber d'accord avec vous. Mais une question non moins importante, êtes-vous sûr que votre candidat soit un bon choix? On le dit tout-à-fait incapable.

Moi. — Je sais que le National et ses satellites s'évertuent à le crier de toute la force de leurs poumons, et tâchent de le faire croire à ceux qui veulent bien les écouter; il y a à peine quelques années ce même National le citait comme un homme supérieur, comme un homme d'un esprit très-distingué. Les uns le font riche à millions et lui font acheter la presse plusieurs centaines de mille francs, les autres en font un pauvre diable, ayant à peine une pièce de deux francs dans sa poche pour payer son dîner chez les restaurateurs à prix fixe. Ce sont de véritables cancans de journaux, auxquels les gens sensés ne doivent pas se laisser prendre. Voyez-vous, mon ami, tous les

Bazile ne sont pas morts : semons, disent-ils, la calomnie, il en reste toujours quelque chose.

L'Ami. Vous pourriez bien avoir raison.

Moi. — Dans tous les cas, il n'y aurait pas encore à balancer. Si c'est un homme d'un esprit borné, il aura au moins assez de bon sens pour s'entourer des hautes capacités qui lui ont offert leur concours, dans lesquels la France met tout son espoir, et qui seuls peuvent faire renaître la confiance; s'il en est autrement, il ne sera pas assez maladroit d'agir sans prendre leurs conseils, ainsi nous arriverons au même résultat.

L'Ami. — Décidément je voterai pour votre candidat; mais je vous prie de garder le silence à cet égard, c'était du reste mon intention.

Moi. — Permettez-moi de vous le dire, mon ami ; les gens timides nuisent beaucoup à la cause qu'ils s'imaginent servir ; si vous m'en croyez, vous mettrez à votre porte une affiche portant ces mots : Je voterai pour M. LOUIS-NAPOLÉON BONAPARTE.

—

**Un Préfet, un Conseiller-général.**

—

Le Préfet. — Citoyen Conseiller, je désirais avoir un entretien confidentiel avec vous.

Le Conseiller. — Je me suis rendu à votre invitation, et je vous écoute, citoyen Préfet.

Le Préfet. — Je ne chercherai pas à procéder avec vous par des voies diplomatiques ; j'ai quelque difficulté à prendre l'esprit du rôle que je dois jouer dans les nouvelles fonctions auxquelles mes études préliminaires ne m'avaient point appelé.

Le Conseiller. — Il est vrai, citoyen Préfet, qu'il est beaucoup plus difficile d'administrer un département que de passer sa vie à mesurer de l'indienne et du calicot.

Le Préfet. — Avec de l'intelligence et de la volonté on arrive à tout sous la République. Le beau côté de l'heureux gouvernement sous lequel nous sommes destinés à vivre désormais, c'est d'aller chercher le mérite partout où il se trouve et de le récompenser dignement, sans avoir besoin de passer par de longs surnumérariats tout-à-fait inutiles.

Le Conseiller. — Votre changement de position en est une preuve évidente, citoyen Préfet.

Le Préfet. — Aussi lui suis-je dévoué

corps et âme. Vous comprenez qu'au lieu de cent francs par mois, il vaut mieux toucher quinze mille francs d'appointements par an. En vérité, j'ai de la peine à m'expliquer comment il y a des gens assez mal avisés pour ne pas trouver qu'on est parfaitement heureux d'avoir changé de régime.

Le Conseiller. — Pensez-vous, citoyen Préfet, que le prédécesseur au poste que vous paraissez si bien apprécier aujourd'hui, obligé de travailler maintenant pour vivre, puisse être entièrement de votre avis ?

Le Préfet. — Pourquoi n'était-il pas républicain de la veille ? Avec son talent d'administrateur, on en eût infailliblement fait un ministre, car le bois dont on en fabrique d'un peu passables, n'est pas commun, je suis forcé d'en convenir, parmi les gens de notre opinion.

Le Conseiller. — Pensez-vous, citoyen Préfet, que les grands industriels, obligés de fermer leurs ateliers pour ne pas arriver à une ruine inévitable ; pensez-vous que les négociants et les marchands, après huit mois de malaise, et qui n'entrevoient pour terme de ce pitoyable état de choses que la banqueroute, puissent entièrement partager votre opinion ? Pensez-vous que l'honnête ouvrier, privé du travail nécessaire au soutien de sa famille, puisse la partager ? Pensez-vous que le propriétaire, accablé d'impôts et menacé tous les jours de voir une main spoliatrice s'étendre sur sa fortune ; que le fermier, mis hors d'état de payer son maître, parce que ses produits restent invendus ou sont livrés à vil prix ; que le rentier, le capitaliste, dont l'un voit diminuer son revenu de moité, l'autre son avoir gravement compromis, puissent envisager les choses du même œil que vous ? Cela me paraît difficile.

Le Préfet. — Allons, franchement, citoyen, tout ceci est fort exagéré, et ressemble terriblement à une de ces tirades des infâmes journaux réactionnaires.

Le Conseiller. — Ceci n'est point exagéré, *Monsieur* le Préfet, et si vous pouviez juger par vous-même de la misère qui désole mon canton, vous verriez qu'il devrait bien avoir part à la distribution des fonds que l'Assemblée ne cesse de voter pour soulager les misères de Paris.

Le Préfet. — Mais, ne croyez pas, *Monsieur* le Conseiller, que la misère soit arrivée à Paris au point où l'on voudrait bien le faire croire. Tous nos hommes d'Etat donnent des fêtes magnifiques et font marcher le commerce. Tel d'entre eux, qui n'avait pas le sou avant le 24 février invite à des dîners devant

Le Conseiller. — Si le peuple était heureux, si le commerce était prospère, si la confiance était dans les esprits, je comprendrais que les hommes d'Etat s'amusassent aux dépens des fonds qu'ils rognent sur le budget. Autrefois les grands seigneurs mangeaient leur fortune en prodigalités ; c'était plus juste.

Le Préfet. — Oui, mais sous le règne de l'*égalité* il ne peut plus y avoir de grands seigneurs.

Le Conseiller. — Il me semble que, sous la monarchie, on voyait assez souvent surgir des hommes d'Etat qui n'auraient pu prouver seize quartiers de noblesse.

Le Préfet. — Des esprits étroits, des esprits rétrogrades. On veut à présent des capacités progressives.

Le Conseiller. — Cependant c'est dans la rectitude du jugement de ces esprits étroits et rétrogrades que la France met aujourd'hui, avec raison, son unique espérance. J'avoue que la plupart d'entre eux ne seraient pas assez progressistes pour employer le budget à faire danser à la porte de la misère.

Le Préfet. — Tout cela vous l'avouerez, M. le Conseiller, vient d'un esprit mécontent, sans motif; mais, en supposant qu'il y ait du vrai, cet état de choses cessera après la nomination du président de la République.

Le Conseiller. — Je l'espère, M. le Préfet, si le choix de la nation tombe sur un homme capable de le faire cesser.

Le Préfet. — Vraiment il n'y a pas de doute sur le choix, il me semble, M. le Conseiller. Tous les suffrages du peuple doivent se réunir sur l'homme à qui l'on doit le salut de la France.

Le Conseiller. — Je ne puis partager votre conviction à cet égard. M. le Préfet. Je pense qu'il y eût eu plus d'habileté à ne pas laisser mettre la France en péril, à ne pas la laisser s'avancer à deux doigts de sa perte, pour s'en faire déclarer ensuite le sauveur et se faire octroyer des pouvoirs dont la royauté constitutionnelle n'eût jamais osé faire usage.

Le Préfet.—Les circonstances étaient impérieuses et vous jugez l'indécision d'un noble caractère avec une sévérité hors de toutes limites. Serait-ce une indiscrétion de vous demander, Monsieur le Conseiller, en faveur de quel candidat vous comptez faire usage de votre influence.

fluence que vous voulez bien me reconnaître, car tous les hommes de mon canton, si j'en excepte quelques nouveaux fonctionnaires publics, sont parfaitement arrêtés sur le nom glorieux auquel ils veulent accorder leurs suffrages. C'est celui de M. LOUIS NAPOLÉON. En effet, au milieu de l'état de trouble ou la révolution de février nous a jetés, je ne vois pas de choix plus capable de concilier tous les partis, même pour les plus sincères amis de la République. Si le prince LOUIS NAPOLÉON, après avoir obtenu la majorité du vote universel, sait user sagement des pouvoirs souverains accordés par la Constitution à son président; s'il sait s'entourer d'hommes modérés, déjà connus et faits pour inspirer la confiance; s'il ne cherche pas à baillonner la liberté tout en mettant d'une main ferme un frein à la licence, s'il sait jeter à l'écart et repousser dans l'ombre tous les fauteurs de discordes, tous les ambitieux, tous les intrigants; s'il ne cherche pas à encourager à l'étranger de coupables tendances, et, si tout en faisant respecter les droits de la France, il sait respecter ceux des étrangers, la confiance, ce seul remède à tous nos maux, renaîtra, je n'en doute pas, car elle demande à renaître, et à sa suite marchera le crédit, sans lequel le commerce ne peut exister; enfin vous le savez, M. le Préfet, sans le commerce la ruine de la classe industrielle, de la classe marchande et la misère des ouvriers.

LE PRÉFET. — Je vois, M. le Conseiller, que je me suis étrangement trompé; car je vous croyais bien disposé en faveur de notre candidat. Mais avez-vous réfléchi que pour faire sortir la Présidence du vote universel, il faut plus que la simple majorité, il faut la majorité absolue; peut-on jamais espérer de la réunir sur un seul homme? Dans le cas contraire la nomination par l'Assemblée nationale n'est pas douteuse.

Le Conseiller. — Je le sais ; l'Assemblée nationale par un semblant de concession au vote universel, a cru positivement rester la maîtresse de son choix ; cependant elle pourrait bien avoir compté sans son hôte. D'ailleurs, quand M. Louis Napoléon ne réunirait pas la majorité *absolue* des suffrages, s'il obtenait une grande majorité, l'Assemblée oserait-elle se mettre en opposition avec le vœu prédominant du pays, et ne pas se soumettre à la grande voix de son *souverain.*

Le Préfet. — Un instant, M. le Conseiller, je vous demande pardon ; il me semble qu'en réunissant les minorités, on pourrait arriver à faire une véritable majorité. Ainsi je suppose que, sur six millions de voix, M. le général Cavaignac en ait obtenu deux millions et M. Ledru-Rollin un million, l'Assemblée n'aurait-elle pas plus justement satisfait à la loi de la majorité en nommant M. le général Cavaignac président et M. Ledru-Rollin vice-président, qu'en faisant tomber son choix sur le citoyen Louis, qui n'aurait obtenu que deux millions neuf cent quatre vingt-dix-neuf mille neuf cent quatre vingt-dix-neuf suffrages, avec un vice-président qui n'en compterait pas un seul ? D'ailleurs ce dernier choix la forcerait à se retirer avant même la confection des lois organiques, qui demanderont bien encore cinq ou six mois ; et la majeure partie des représentants savent fort bien que leur rôle sera fini aux prochaines élections.

Le Conseiller.—Ce sont là, je l'espère, M. le Préfet, les motifs qui engageront tous les hommes sensés, tous les hommes d'ordre, tous les véritables amis de leur pays à ne pas se diviser, afin de pouvoir nous soustraire au *statu quo* dans lequel nous végétons, et qui amènerait bientôt, et infailliblement, la ruine de la France par suite de consomption.

Le Préfet. — Je vois bien, M. le Conseiller,

qu'il me serait difficile de vous faire partager mes convictions. Après tout, je ne suis point personnellement l'ennemi de M. Louis Napoléon Bonaparte, et si, contre mon attente, il venait à obtenir la Présidence, je vous prie de croire que je lui serais entièrement attaché et que je me soumettrais fidèlement à sa politique. Si l'occasion s'en présentait, je vous demanderais même la permission de recourir à votre bienveillant témoignage pour l'aveu confidentiel que je viens de vous faire.

Le Conseiller. — Assurément, M. le Préfet, je ne manquerais pas de professer hautement la juste estime que m'inspire votre dévouement à *la chose publique*. Mais si vous me permettez de vous donner en passant un petit avis ; ce serait de vous renfermer dans la sage réserve que vous a recommandée M. Dufaure en matière électorale.

Le Préfet. — Ah ! M. le Conseiller, plût-à

Dieu que cela fût aussi facile que vous semblez le penser. Un pauvre Préfet, dans notre système de centralisation administrative, avec l'apparence d'un haut fonctionnaire, n'est autre chose qu'un chétif morceau de fer, toujours entre l'enclume et le marteau.

LE CONSEILLER. — Pardon, M. le Préfet ; je suis obligé de vous quitter pour me rendre à une réunion de Maires, qui, remplissant gratuitement leurs fonctions, et ne devant qu'à l'estime de leurs concitoyens l'indépendance de leur position honorifique, sont tous disposés à voter pour M. LOUIS NAPOLÉON BONAPARTE.

—

### Un Capitaine de Hussards et un Peintre.

---

LE PEINTRE. — J'étais à peu près sûr, capitaine, de vous rencontrer au café, aussi me suis-je empressé, à mon retour, de venir directement ici m'informer de vos nouvelles.

LE CAPITAINE. — Je vous remercie. Votre voyage a-t-il été bon?

LE PEINTRE. — Excellent. Avez-vous lu les journaux? Que disent-ils de la Présidence?

Le Capitaine. — Chacun d'eux recommande son candidat, les uns avec trop d'emportement, les autres peut-être avec trop de mollesse.

Le Peintre. — Et qui l'emportera, à votre avis ?

Le Capitaine. — Celui, mon cher ami, qui réunira la majorité des suffrages ; le Chef du pouvoir exécutif, si les uns ni les autres ne l'obtiennent.

Le Peintre. — Je vous dirai que dans mon département Louis-Napoléon l'emportera avec une immense majorité.

Le Capitaine. — Vous m'annoncez cela sur un ton bien satisfait ; cela m'étonne, moi qui vous croyais entièrement dévoué à la Montagne.

Le Peintre. — L'expérience et la réflexion modifient terriblement les opinions. La montagne est charmante sur les derniers plans d'un tableau; mais si on veut la rapprocher sur les premiers plans, elle écrase tout l'ouvrage et en détruit l'harmonie. Je viens de parcourir tous les côteaux dont ma petite ville est entourée, là j'ai vu s'arrêter la culture au pied de la montagne, car son sol est ingrat et ne rendrait même pas la semence qu'on lui aurait confiée. J'ai appliqué ces observations à la politique; là aussi j'ai vu les théories de la Montagne fort séduisantes, en y jetant un coup-d'œil dans le lointain, mais en les examinant de plus près, j'ai été frappé de leur aridité, et je m'en suis éloigné promptement pour me diriger vers la plaine. La plaine seule peut donner du pain à ceux qui ont faim, du travail à l'ouvrier inoccupé, et assurer la richesse et le bonheur du pays.

Le Capitaine. — C'est une véritable conversion par file à droite. Vous aviez des idées si que je n'aurais jamais songé à vous voir passer aussi facilement du rouge au blanc.

LE PEINTRE. — Cela n'a rien qui puisse vous étonner ; la peinture est l'amie des contrastes, sous peine d'être pâle et monotône, et je suis artiste avant tout ; voilà pour la plaisanterie ; voici maintenant pour la réalité : Les beaux-arts aiment la liberté sans doute, mais la liberté ne les fait pas vivre ; ils ont aussi besoin de protection pour se soutenir et progresser, et leur meilleure protection se rencontre dans le luxe des grandes fortunes particulières. Le système actuel ne paraît pas le moins du monde adopter ces idées-là ; si nous n'avions plus que la protection du gouvernement, nous finirions bientôt, nous autres, par mourir de faim, et la France arriverait en peu de temps à cette époque de décadence, où Rome, sous Dioclétien, était obligée de faire venir des artistes de l'étranger, pour produire les œuvres les plus misérables ;

à cette époque où les aboyeurs du forum avaient aisément convaincu le peuple qu'il n'était pas de la dignité d'un citoyen libre de travailler pour gagner sa vie, de telle sorte qu'un paysan ne pouvait se procurer de chaussure à moins de vingt-sept francs, qu'un maçon faisait payer sa journée douze francs, et qu'une oie grasse ne se vendait pas au-dessous de quarante-sept francs au marché. Aussi le pauvre peuple en guenilles, se drapant, à la façon des Sénateurs, avec un lambeau de pallium, marchait-il fièrement nu-pieds, ne mangeait jamais de volailles et couchait sur la paille, dans des taudis infects ou sous les portiques des édifices publics. Telle était la position de ce malheureux pays jusqu'au moment où il fut s'ensevelir sur les rives du Bosphore pour ne jamais se relever. D'ailleurs, en relisant l'histoire, j'ai vu que les sciences, les arts et les lettres n'avaient réellement progressé, en Grèce, à Rome, en France, que sous les règnes opulents et fastueux de Périclès, d'Auguste et de Louis XIV.

Le Capitaine. — En effet, vous me paraissez avoir terriblement modifié vos opinions. Vous, républicain de la veille, vous m'avez tout l'air d'avoir fait en arrière un pas beaucoup plus large que celui fait en avant par les républicains du lendemain.

Le Peintre. — Capitaine, j'ai modifié mes opinions dans la forme, mais au fond, je suis toujours bon républicain.

Le Capitaine. — C'est que, mon cher, vous venez de me citer là des gaillards qui n'avaient pas un penchant effréné pour la République.

Le Peintre. — Autre temps, autres mœurs. Je veux toujours la République, mais je la veux entourée d'institutions généreuses ; je la veux dirigée par des hommes aux idées larges se fasse par commérage, et où les cuisinières s'amusent à faire danser l'anse du panier pour se régaler avec leurs amis, sans se préoccuper de laisser brûler la sauce destinée à la nourriture de la nation.

Le Capitaine. — Dès-lors vous renoncez au candidat que vous recommandiez si chaudement la semaine dernière.

Le Peintre. — Oui, certes.

Le Capitaine. — Et vous votez pour...

Le Peintre. — Pour M. Louis-Napoléon Bonaparte. Je me suis dit : les fils et les neveux aiment assez à marcher sur les traces de leurs pères et de leurs oncles, quand ceux-ci se sont illustrés. Je me suis dit encore : Un des premiers actes de Napoléon, dès qu'il eut le pouvoir en partage, fut de fonder l'Institut ; il s'empressa d'encourager les sciences, les arts et les lettres, il couvrit de gloire et d'honneurs tous les savants dont il sut s'entourer pour profiter de leurs conseils, il se garda bien de leur disputer sou à sou de modiques traitements, il excita leur zèle en les mettant à l'abri du besoin ; il avait compris que par eux il pouvait jeter de l'éclat sur la France, il avait compris que quand les arts fleurissent dans un pays, c'est une preuve certaine de la prospérité de ce pays.

Le Capitaine. — Etes-vous sûr qu'à cet égard M. Louis Napoléon soit disposé à marcher sur les traces de son oncle?

Le Peintre. — Entre une triste réalité et l'espérance, j'aime mieux choisir l'espérance.

Le Capitaine. — On lui reproche une ambition démesurée.

Le Peintre. — L'objection me paraît peu forte. Ses concurrents, sous le rapport de l'ambition, n'ont pas grand chose à lui reprocher, vous en conviendrez. Maintenant, Capitaine, permettez-moi de vous adresser une question. Auquel des candidats pensez-vous que l'armée soit disposée à donner ses suffrages ?

Le Capitaine. — Vous me posez là une question assez embarrassante. Si vous voulez que je vous réponde franchement, voici ce que je pense: les officiers généraux, du moins la majeure partie, nommeront votre candidat pour des raisons très-faciles à expliquer. Dans le corps d'officiers, les voix seront divisées peut-être ; mais il ne faut pas se le dissimuler, l'influence des officiers sur les soldats est très-minime, tout dépend des sous-officiers, que leurs relations journalières mettent à même d'agir d'une manière directe sur les esprits, et, si j'étais encore sous-officier, je ne balancerais pas à donner ma voix au neveu du petit caporal.

Le Peintre. — Cela est parfaitement d'accord avec une lettre que je viens de recevoir d'un de mes élèves. On lui a mis un mousquet dans la main à la place de son pinceau, et le pauvre diable est en ce moment à l'armée des Alpes. Tous les soldats sont fort ennuyés de la comédie qu'on leur fait jouer depuis cinq mois, aux frais de la nation. Ils préféreraient mille fois mieux aller se faire casser la tête ou retourner planter leurs choux que de donner ainsi en plein air une représentation sans bénéfices.—Mais autre chose, Capitaine, on fait courir le bruit à Paris et dans la province, que si M. Louis-Napoléon Bonaparte est nommé, il y aura une émeute, une insurrection, une révolte, qu'en pensez-vous ?

Le Capitaine. — Si M. Louis Napoléon Bonaparte est nommé par la majorité, l'émeute, l'insurrection, la révolte, comme vous voulez bien dire, ne pourront venir que de la minorité et la majorité sera toujours à même de la mettre à la raison. D'ailleurs l'émeute est un moyen bien usé, et je ne sais pas s'il serait très-prudent d'en faire usage aujourd'hui. Cela peut tout au plus servir à effrayer les poltrons, et je crois que c'est là le véritable but. Dans tous les cas , puisqu'on a eu la bonté d'en prévenir long-temps d'avance, il suffira de ne pas se laisser surprendre. La garde nationale est commandée par un luron qui ne badine pas , qui ne donnerait pas le temps aux émeutiers de se retrancher derrière leurs barricades, et qui je crois leur taillerait de rudes croupières.

Le Peintre. — Je ne serais pas le dernier , je vous assure , à endosser mon uniforme au cri de vive LOUIS NAPOLÉON BONAPARTE.

—

## Un Représentant du peuple, un Juge de Paix.

—

Le Représentant. — Enfin, mon cher concitoyen, je reviens au milieu de vous afin de me délasser un peu des longs et laborieux travaux de notre session.

Le Juge-de-paix. — Làborieux pour quelques-uns de vos collègues, je n'en disconviens pas, mon voisin, mais pour vous, je ne sach e pas qu'un seul journal ait jamais reproduit votre nom.

Le Représentant. — Voilà comment vous êtes en province ; vous vous figurez que les bavards seuls ont du mérite. Croyez-vous donc qu'il n'y ait pas un mérite réel à prêter, pendant six ou huit heures de la journée, des oreilles, plus ou moins attentives, à des discours sans fin, à les applaudir quand ils sont de notre parti, à les interrompre quand ils sont du parti contraire par des murmures inarticulés, par quelques-uns de ces petits mots à effet que la presse ne peut reproduire. Et puis, ne comptez-vous à rien de se lever cinq ou six fois par séance et de déposer des bulletins bleus et blancs dans les urnes, pour faire des décrets et voter les articles de la Constitution.

Le Juge-de-paix. — Allons, franchement, si tous ces décrets étaient réduits à leur juste valeur, on en allégerait terriblement le bagage, surtout si l'on retranchait ceux qui ont servi à détruire ce que les autres avaient ordonné.

LE REPRÉSENTANT. — Le fait est vrai, mais que voulez-vous, nous sommes arrivés là en tâtonnant ; il faut être juste, et faire la part de l'inexpérience.

LE JUGE-DE-PAIX. — Prenez garde, vous arriveriez à me faire croire que vous étiez dans l'erreur quand vous blâmiez avec acharnement les actes du gouvernement déchu.

LE REPRÉSENTANT.—Pas du tout. Ce que nous blâmions, c'était la camaraderie, c'était l'obligation des dévouements absolus, c'était le gaspillage du budget; c'était le tripotage des élections, c'était l'emploi des fonds secrets en faveur de certains candidats indispensables et contre des hommes d'une conscience sans reproche, c'était l'humble attitude que nous gardions en face de l'Angleterre dont la France était la très-humble servante, c'était enfin une foule d'autres abus qu'il était urgent de faire disparaître

Le Juge-de-Paix. — En vérité, mon cher Représentant, permettez-moi de vous le dire, si tous les diplomates, expédiés dans les départements pour défendre la cause de votre candidat, sont de votre force, je regarde son élection comme bien aventurée.

Le Représentant. — Et pourquoi donc, s'il vous plaît ?

Le Juge-de-Paix. — C'est que vous venez de faire de vos amis politiques la critique la plus sanglante.

Le Représentant. — Je ne vous comprends pas.

Le Juge-de-Paix. — Cela prouve seulement qu'on est toujours aveugle dans sa propre cause.

Le Représentant. — Veuillez vous expliquer.

Le Juge-de-Paix. — Les fautes que vous venez d'énumérer si complaisamment et que les républicains de la veille reprochaient à la monarchie avec tant de violence ont été, depuis huit mois qu'ils ont saisi avec avidité les rènes de l'Etat, cent fois outrepassées par eux. Pour vous en donner une preuve palpable, il me suffit, mon cher Représentant, de signaler votre présence en ces lieux.

Le Représentant — Mais vous êtes, je vous assure, mon voisin, dans une erreur profonde, je ne viens nullement ici faire de la propagande, je n'ai reçu aucune mission particulière.

Le Juge-de-Paix. — Je suis trop poli pour mettre en doute votre assertion ; du moins, vous avouerez qu'en recevant vingt-cinq francs chaque jour, octroyés d'abord par un décret du gouvernement provisoire, le premier de tous que vous eussiez dû rapporter, et confirmés ensuite par un article de la Constitution, votre véritable place serait en ce moment à l'Assemblée nationale.

Le Représentant. — Mais n'est-il pas permis, dans le cours d'une session laborieuse, de prendre quelques jours de repos ? Ne pensez-vous pas aux peines infinies que nous nous sommes données pour fonder cette Constitution, dont vous semblez ne pas apprécier toute l'importance.

Le Juge-de-Paix. — Je n'ai pas l'habitude de plaisanter sur des choses aussi graves. Pendant le temps où l'on a discuté la Constitution, je me suis souvent permis de blâmer certains articles dont je n'approuvais pas l'esprit ; depuis qu'elle est votée, je lui porte un respect d'autant plus grand que nous l'avons chèrement payée. Savez-vous que le prix dépasse quatre millions?

Le Représentant. — Je ne vous vois guères, mon voisin, disposé à trouver quelque chose à votre convenance. Vous n'êtes pas un sincère républicain.

LE JUGE-DE-PAIX. — Peut-être meilleur républicain que vous, mon cher Représentant. Le gouvernement de la République, est à n'en pas douter, le plus juste des gouvernements ; c'est lui qui devrait apporter la plus grande dose de bonheur au peuple, en le moralisant et en évitant de faire peser sur la nation toutes les charges dont on l'accable. Mais pour établir la République sur des bases solides et viables, il faudrait trouver de véritables républicains. Et savez-vous ce qu'est un véritable républicain, c'est un homme de mœurs pures, exempt d'égoisme et d'ambition, sachant sacrifier ses propres intérêts à l'intérêt général, acceptant le pouvoir et ne le briguant pas ; le quittant sans regret quand il ne peut plus faire le bien ; toujours prêt à sacrifier sa vie et sa fortune pour le bonheur de sa patrie. Hélas ! j'ai beau jeter des filets sur la vaste mer où je vois s'agiter tous les hommes de la veille, je crains de ne pouvoir en trouver un seul auquel on puisse donner le titre de républicain sincère. Partout je ne vois qu'ambition et soif de l'or ; partout je vois des hommes prêts à compromettre l'intérêt général au bénéfice de leurs passions, et se préoccupant de la misère publique dans la seule crainte de perdre le rang où leurs intrigues les ont placés.

Le Représentant. — Mais à vous entendre, mon cher, nous ferions continuellement mentir la devise de notre drapeau, Liberté, Égalité, Fraternité.

Le Juge-de-Paix. — Cette devise, comme on la pratique aujourd'hui, mon cher Représentant, personne ne peut se le dissimuler, c'est la liberté dans les chaînes, c'est l'égalité dans le partage du lion, c'est la fraternité comme l'entendait le fils d'Agrippine.

Le Représentant. — Mais, mon voisin, ne sommes-nous pas dans un véritable esprit de charité, quand nous votons chaque mois des millions pour le soulagement de la misère ?

Le Juge-de-Paix. — Pour le soulagement de la misère à Paris, oui; parce que là elle vous effraie, parce qu'adoptant une des fautes de la monarchie, vous êtes entrés à pleines voiles dans un esprit de centralisation tout-à-fait incompatible avec la République. Vous vous occupez de Paris, comme si Paris était la France entière. Cependant la misère ne règne pas seulement à Paris, elle règne non moins affreuse par toutes les villes de la province, elle règne et prend chaque jour des proportions plus effrayantes dans les campagnes. Vous semblez vous plaindre des partis réactionnaires et vous allez chercher là les plus grands ennemis de la République, c'est une erreur profonde; son véritable ennemi, son ennemi le plus redoutable, celui qui la saisira à la gorge, et lui fera crier merci, c'est la misère. Et n'allez pas croire que cette misère se trouve reléguée au milieu des grands centres industriels, elle attaque les plus petites industries et les refoule à chaque instant dans une impasse d'où elles finiront par ne plus pouvoir sortir, si l'on ne se hâte de faire renaître la confiance.

Le Représentant. — La confiance! c'est là le grand cheval de bataille; je ne sais pas comment elle ne renaît point. On devrait pourtant avoir confiance en nous, car nous sommes l'expression du vœu de la nation.

Le Juge-de-Paix. — L'Assemblée nationale n'est pas, autant que vous paraissez le croire, l'expression du vœu de la France; il suffit pour s'en convaincre de se reporter à l'époque où les nominations ont été faites, de se rappeler les moyens ignobles employés pour jeter la terreur dans les esprits, les pouvoirs illimités donnés aux commissaires du Gouvernement, les mandats remis à des agents subalternes du plus mauvais choix. Il suffit, en outre, de se rappeler que l'Assemblée nationale, élue pendant cette époque de crise, devait se borner à voter la Constitution et se soumettre ensuite immédiatement à une élection plus réfléchie du peuple. Mais les hommes qui tiennent le pouvoir ne veulent pas le lâcher, et ils ont bien senti qu'avec une autre Assemblée, ils verraient s'évanouir toutes leurs chances de le conserver.

LE REPRÉSENTANT. — En vérité, mon voisin, je ne vous comprends pas. N'est-ce pas nous qui avons renversé le Gouvernement provisoire parce qu'il ne semblait pas avoir l'assentiment général ?

LE JUGE-DE-PAIX. — Le gouvernement provisoire s'est trouvé frappé d'une telle réprobation, qu'il vous a bien fallu le mettre de côté, mais les hommes de son choix, sauf des exceptions très-minimes, occupent toujours les hautes fonctions. Toutes ses créatures, dans les départements, et Dieu sait leur valeur, ont été maintenues, soit comme préfets, soit comme procureurs de la République ou autres emplois plus ou moins importants, et ont remplacé des hommes vieillis sous le harnais. Que penseriez-vous d'un homme devenu tout-à-coup maître d'une riche propriété, si, renvoyant sans motif un fermier actif et intelligent, il le remplaçait par le bedeau de la paroisse, son ancien ami? vous le prendriez pour un fou, et vous auriez raison. Est-ce en suivant cette voie, je vous le demande, qu'on peut espérer de voir renaître la confiance?

LE REPRÉSENTANT. — Il me serait assez difficile, je le vois, de vous ramener à mon opinion. Du reste, mon voisin, nous avons plus d'une corde à notre arc; nous avons laissé la magistrature sous le coup d'une réorganisation, la crainte, si ce n'est la bonne volonté, la forcera de marcher avec nous.

Le Juge-de-Paix. — Illusion, mon cher Représentant ; peu de magistrats seront assez maladroits pour ne pas donner leurs voix au candidat qui saura respecter l'inamovibilité d'un corps de fonctionnaires, dont cette inamovibilité même fait toute la force.

Le Représentant. — D'accord avec vous sur ce point. Aussi, après la réorganisation opérée et les épurations faites, ils redeviendront inamovibles, comme par le passé.

Le Juge-de-paix. — L'inamovibilité, mon cher Représentant, est comme la pudeur d'une jeune fille, elle se ternit par le plus léger souffle.

Le Représentant. C'est ce que nous verrons. Et puis, voyez-vous, nous avons eu l'adresse de faire entrer le clergé dans notre parti ; il a encore une certaine influence, il faut en convenir, aussi nous lui avons assuré sa petite part du budget ; nous l'avons flatté en lui faisant chanter un Te Deum en faveur de la Constitution, et, au moyen de cette petite concession sans importance, il ne manquera pas de nous appuyer ; plus tard nous trouverons le moyen de lui rogner les ongles, quand il ne nous sera plus d'aucune utilité.

Le Juge-de-Paix. —Nouvelle illusion, mon cher Représentant ; le clergé ne se laissera pas leurrer par votre semblant de bienveillance. Il ne peut oublier que le *National* n'a jamais été son ami ; il ne peut oublier que vous êtes les successeurs immédiats d'un parti, qui, lors de la première révolution, s'est montré son ennemi le plus acharné, au point, après avoir renversé les autels, de pousser l'aveuglement jusqu'à vouloir détrôner Dieu lui-même. Si le clergé établit une comparaison entre ce parti et l'homme au génie puissant à qui la France dut de voir mettre un terme à l'anarchie dont elle était dévorée, qui fit rouvrir les églises polluées, rétablit le curé dans son paisible presbytère et replaça l'évêque sur son siége épiscopal, à qui, je vous le demande, peut-il donner la préféférence?

Le Représentant. — Allons, mon voisin, je me vois forcé de renoncer à vous convaincre. J'ai encore plusieurs visites à faire, j'espère ne pas trouver partout des hommes aussi incorrigibles.

Le Juge-de-Paix. — Cela pourrait bien être une troisième illusion, mon cher Représentant. Vous en trouverez beaucoup sans doute qui ne vous parleront pas avec la même franchise, alors vous pourrez mettre en avant toute votre artillerie, mais ce sera, je pense en pure perte.

Le Représentant. — Je leur promettrai des

routes, des ponts et même des chemins de fer.

Le Juge-de-Paix.—On n'attache guère d'importance aujourd'hui à ces promesses dont on a été en tous temps si prodigue.

Le Représentant. — Je leur laisserai des bulletins qui se sont trouvés par hasard dans ma malle.

Le Juge-de-Paix. — Ils pourront leur servir, s'ils portent en caractères bien lisibles, pas une lettre de plus, pas une lettre de moins : Président de la République : M. LOUIS-NAPOLÉON BONAPARTE.

—

## Un Patron et un Ouvrier.

—

Le Patron. — Tâche, mon pauvre ami, de patienter encore un peu, il m'est absolument impossible de te donner aucun ouvrage cette semaine.

L'ouvrier. — Patienter ! c'est bien facile à dire, patron, mais me voilà à bout de mes petites économies, et pour peu que cela dure quelque temps, il ne me restera plus qu'à aller me jeter à l'eau avec ma femme et mes enfants, si je ne veux pas mourir et les laisser mourir de faim.

Le Patron. — Me crois-tu donc plus heureux que toi. Si le travail ne reprend pas sous peu, je me trouverai dans l'impossibilité de faire face à mes engagements, et j'aurai vu s'évanouir en moins d'une année le fruit de vingt ans de labeurs, de soins et de bonne conduite. J'espère qu'après la nomination du Président, les affaires reprendront de l'activité.

L'ouvrier. — Vous disiez qu'elles en reprendraient après le vote de la Constitution ; la Constitution est votée et nous sommes toujours au même point.

Le Patron. — C'est malheureusement trop vrai, cela n'a apporté aucun changement à notre position ; mais, vois-tu, ce sont toujours les mêmes hommes qui sont à la tête des affaires publiques, et malheureusement ils n'inspirent pas de confiance. Si le choix tombait sur un homme capable de satisfaire la grande majorité de la nation, il y a tout lieu de croire que nous verrions bientôt un terme à cette terrible crise.

L'OUVRIER. — Et qui nommerez-vous donc, Patron, sera-ce le petit Louis Blanc, Raspail ou Blanqui ?

LE PATRON. — Assurément ni l'un ni l'autre n'aura ma voix. Je trouve la société déjà bien assez boulversée, sans chercher à la bouleverser encore davantage. Il paraît, mon pauvre garçon que tu vas toujours au club.

L'OUVRIER. — Que voulez-vous, Patron, on n'a rien à faire, il faut bien passer son temps à quelque chose. On dit pourtant que ce sont ceux-là qui ont le mieux travaillé pour le peuple. C'est donc pour Ledru-Rollin ?

Le Patron. — Pas d'avantage assurément. Tu veux dire qui ont le mieux travaillé pour le ruiner, en lui faisant des promesses, impossibles à réaliser et en l'entraînant à la révolte, ce qui ne peut jamais lui profiter.

L'ouvrier. — Vous pourriez bien avoir raison. Ils nous assuraient que personne ne manquerait plus d'ouvrage, qu'il n'y aurait qu'à se baisser pour en ramasser, que le prix de la journée serait doublé en travaillant deux ou trois heures de moins, et que l'on pourrait tout dépenser pour ses menus-plaisirs sans avoir besoin de faire d'économies, les enfants devant être élevés, les malades soignés et les vieillards nourris aux frais du gouvernement. Franchement ce serait trop beau, il doit y avoir là-dedans de la flouerie. Ils voulaient nous faire casser les côtes pour leur aider en empoigner la grenouille, en nous promettant de la partager avec nous, et une fois qu'ils l'auraient tenue ils ne nous auraient peut-être seulement pas donné les pattes à ronger.

Le Patron. — Il me semble que tu en as eu déjà plusieurs fois la preuve. Le peuple, dont nous faisons partie, est un drôle de corps ; parce qu'on lui a dit qu'il était souverain, il se figure avoir le droit de commander et de mettre en pratique toutes les billevesées dont on se plaît à lui farcir la tête. Il se trompe ; sa souveraineté se borne à être l'instrument d'un certain nombre de farceurs qui se prélassent aux dépens de sa tranquillité et du pain nécessaire à sa nourriture.

L'ouvrier. — Elle est jolie la souveraineté, et surtout bien productive. Je n'en veux plus de leur souveraineté, j'abdique, et cela avec d'autant plus de plaisir que quand le peuple se bat pour la politique, vainqueur ou vaincu, il a toujours pour sa part les taloches et les horions, et rien de plus.

Le Patron. — Si les ouvriers étaient assez sages pour ne pas se laisser duper par les ambitieux et les intrigants, nous ne serions pas dans la triste position où nous nous trouvons.

L'ouvrier. — Foi de brave garçon, on n'a jamais rien dit de plus vrai. En y réfléchissant un peu, on voit bien qu'on se moque de nous. Tenez, Patron, en 1830, j'étais aux affaires de Paris, en deux temps six mouvements la bataille fut gagnée; nous devions compter sur notre part du gâteau, pas du tout, une foule d'habits noirs, qui n'avaient pas seulement brûlé une cartouche, se ruèrent dessus; ils firent pompeusement enterrer nos morts et assez maigrement soigner nos blessés, on nous jeta une petite médaille suspendue à un ruban tricolore, en nous appelant les héros de juillet, puis on nous tourna le dos en nous disant : regagnez votre boutique et dépêchez-vous de travailler, car nous ne pouvons pas vous garder plus long-temps à ne rien faire. D'autres Messieurs, qui sans doute voulaient remplacer les premiers, vinrent ensuite nous dire, en nous promettant monts et merveilles : On vous a indignement trompés, il faut prendre votre revanche. Nous nous laissâmes aisément persuader et je me retrouvai dans la rue Transnonain avec mes anciens amis, les héros de Juillet. Mais là, votre serviteur très-humble, nous fûmes rudement étrillés, et les pauvres héros de Juillet devinrent des canailles, des chenapans, des gueusards. En février 1848, nous nous retrouvions à peu près les mêmes, et nous redevînmes des héros; on nous traita comme les sauveurs de la France et nous devions nous attendre pour le moins à avoir des poulets rôtis tous les jours à notre déjeûner. Çà ne dura pas longtemps; il paraît que plusieurs des habits noirs n'étaient pas satisfaits, et ils nous donnèrent le signal de remonter les barricades deux fois, dans le mois de mai et dans le mois de juin suivant. Dieu de

Dieu ! quelle frottée nous nous sommes donnée ! Mais cette fois encore il fallut succomber après avoir été houspillés d'importance, et alors les héros furent traités d'insurgés, flanqués en prison, passés par un conseil de guerre, envoyés au bagne ou transportés dans les pays lointains, pour leur apprendre à s'occuper de leurs affaires ; excepté, toutefois, les gros bonnets qu'on a fait filer à l'étranger ou qu'on a fait semblant de mettre à l'ombre, pour s'en servir à l'occasion. J'ai été assez heureux de me tirer de la bagarre, et j'espère bien ne pas y être repincé,

Le Patron. — Te voilà, comme le corbeau de la fable,

. . . . . Honteux et confus,
Tu jures un peu tard qu'on ne t'y prendra plus.

L'Ouvrier. — A moins, Patron, que je n'y sois forcé par la misère, car autant avoir la tête cassée d'un coup de mousquet, que de se laisser mourir de faim. En vérité, Patron, ils nous faisaient des promesses si séduisantes, qu'il était réellement bien difficile de résister. Les uns nous annonçaient le communisme avec le partage des biens, les autres des associations entre les travailleurs, d'autres encore le droit au travail. Ce n'est pas que j'aie jamais désiré le partage des biens, je suis trop honnête homme pour cela ; je ne puis me le dissimuler, ce serait un véritable vol ; car si jamais je pouvais amasser quelque chose pour soulager mes vieux jours, je serais bien aise de le laisser à mes enfants, et je ne pourrais m'empêcher de traiter de fripons ceux qui viendraient prendre part à leur petit héritage. Il n'y a, voyez-vous, Patron, à désirer des choses semblables, que les paresseux, les ivrognes et un tas de mauvais sujets ; Dieu merci, ils ne sont pas aussi nombreux comme on voudrait bien le dire. Ce que les bons ouvriers voudraient, ce serait d'avoir une position plus assurée, ce serait de ne jamais manquer d'ouvrage quand ils ont la volonté de travailler.

Le Patron. — Je ne suis pas un grand politique, tu le sais, cependant il m'est assez facile je crois, de t'expliquer la chose, et tu as assez de bon sens pour la comprendre comme je la comprends moi-même. Tu me parles d'associations entre les travailleurs : raisonnons d'abord sur ce point; s'il s'agit d'un métier semblable au nôtre, où il n'y ait pas besoin de capitaux pour s'établir, qui t'empêche, soit seul, soit en te réunissant à deux ou trois de tes amis, de monter une petite maison, après avoir eu le soin de t'assurer quelques pratiques? J'ai commencé de cette manière, moi, ayant pour tout bien quelques outils et cent écus d'économies, que j'avais péniblement amassés, en me privant, pendant plusieurs années, d'aller à la barrière avec les camarades. Je ne m'en suis pas mal trouvé ; et sans vos maudites émeutes, je verrais encore prospérer mes petites affaires.

L'Ouvrier. — Vous avez été heureux, vous, patron, mais j'en ai tant vu d'autres, vouloir agir de même et être obligés de rentrer en boutique après avoir perdu toutes leurs épargnes et avoir fait perdre de l'argent à droite et à gauche, que je ne suis pas tenté de les imiter.

Le Patron. — Penses-tu que les beaux discours de tes habits noirs puissent les faire mieux réussir une autre fois ; tu n'es pas assez borné pour le croire, l'intelligence, l'économie et la bonne conduite sont seules capales de produire ce résultat. S'il s'agit des grandes entreprises industrielles, où l'emploi des capitaux est nécessaire, la question est bien différente, mais la position des ouvriers ne change guères. D'abord il serait fort difficile, je pense, de trouver des industriels, assez ennemis de leur propres intérêts, pour allèr exposer leurs capitaux

aux chances du commerce sans l'espoir de bénéfices plus ou moins considérables, à la place desquels ils éprouvent souvent des pertes, d'où résultent tant de banqueroutes. D'un autre côté, quand cela serait possible, l'ouvrier n'apportant pour mise de fonds que le produit de son travail, ne pourrait plus jouir d'aucune liberté, car une seule heure, non employée utilement, serait autant de détournée à la masse des sociétaires. On pourrait tenir, il est vrai, une note exacte du temps perdu, mais quand on en ferait le relevé, ont peut affirmer qu'on retrouverait toujours les mêmes noms d'ouvriers et alors leur dividende serait bien clair. Quand ensuite on aurait établi la balance des crédits et des débets, des profits et des pertes, puis qu'on aurait additionné l'intérêt du prix du matériel, l'intérêt des capitaux mis en circulation, etc., etc., le dividende, je le crains fort, ne serait pas difficile à partager. Du reste le gouvernement peut faire des essais, quelques centaines de mille francs de plus ou de moins ne le feront pas mourir, mais comme sur vingt nouveaux industriels, il y en a toujours un tiers, si ce n'est la moitié, qui mange sa balle, il en sera bientôt rassasié. D'ailleurs il y a des ouvriers qui gagnent cinq francs, d'autres en gagnent à peine deux, les premiers voudraient-ils s'associer avec les seconds, à part égale, j'en doute beaucoup, il y aurait vraiment là trop de générosité ; autrement il faudrait faire des associations de bons et des associations de mauvais ouvriers, assurément je ne prendrais pas d'actions dans les dernières. Du reste les associations ne sont pas une chose nouvelle, il y a des industries qui ne sont jamais exploitées autrement, et les hommes à la part, dans les bénéfices, aimeraient cent fois mieux être certains du prix de leurs journées ; car s'ils font d'honnêtes bénéfices une année, ils ont quelquefois de suite plusieurs années de pertes.

L'Ouvrier. — C'est qu'ils disent que l'exploitation de l'homme par l'homme ne doit pas exister sous le régime dc l'égalité.

Le Patron.—Voilà encore un de leurs grands mots qui n'a pas le sens commun. Est-ce que je t'exploite quand je te marchande un travail quelconque ; c'est à toi à savoir si tu peux le faire en gagnant honorablement ta vie ; est-ce que le marchand en gros m'exploite quand il vient me le commander ; est-ce que le marchand en détail exploite le marchand en gros quand il va s'approvisionner chez lui ; est-ce que la pratique exploite le marchand en détail quand elle va acheter cet objet chez le marchand en détail ? Quatre personnes ont fait chacun un petit bénéfice en se prêtant mutuellement appui, voilà tout.

L'Ouvrier. — Tout cela est vrai, au fond, mais vous conviendrez au moins que le droit au travail est une chose juste, car il est bien triste pour un pauvre ouvrier de mourir de faim avec la meilleure envie de travailler.

Le Patron. — Je ne comprends pas trop, je l'avoue, ce qu'ils entendent par le droit au travail. Est-ce que tu n'as pas toujours eu la liberté de travailler ? Mais, pour travailler, il faut qu'il y ait de l'ouvrage, et l'ouvrage n'abonde pas sans la confiance, la paix, la tranquillité des esprits et la sécurité des citoyens. Vous avez pris jusqu'ici tous les moyens possibles pour les empêcher de renaître. Si l'on entend par là que le gouvernement ou les particuliers seraient forcés de donner de l'ouvrage aux ouvriers inoccupés, c'est le comble de l'absurdité : le premier, quand bien même il posséderait la fortune publique entière, ne pourrait satisfaire à tous les besoins ; pour les seconds, une semblable obligation équivaudrait à la confiscation de leurs biens. Ainsi ce serait toujours le communisme, la plaie la plus gangreneuse de la société. Ce serait le vol autorisé par la loi, sous la forme de la fraternité.

L'ouvrier. — Tout cela est vrai, patron ; je

ne veux plus retourner au club. Pour qui faudra-t-il donc voter ?

Le Patron. — Je voterai, moi, pour Louis-Napoléon Bonaparte. C'est à sa candidature que semblent se rattacher tous les hommes modérés, tous les hommes capables de faire renaître la confiance, à la suite de laquelle ne pourra manquer de marcher le travail, car il est suspendu depuis trop long-temps.

L'Ouvrier. — Alors, patron, je lui donnerai aussi ma voix.

Le Patron. — Si c'est ton intention, prends garde de te laisser tromper, ton Bulletin doit porter ces seuls mots : Président de la République : M. LOUIS-NAPOLÉON BONAPARTE.

—

**Un Inspecteur des Ecoles et un Instituteur.**

---

L'INSPECTEUR. — Je vous ai fait appeler, Monsieur, pour vous demander l'explication de faits très-graves qui vous sont reprochés. On m'a dit que, prenant à la lettre certaines instructions intempestives du Gouvernement provisoire, vous cherchiez à pervertir l'esprit de la commune où vous êtes placé, par des doctrines tout-à-fait subversives du bon ordre dans la société.

L'INSTITUTEUR. — Je ne croyais pas, Monsieur l'Inspecteur, être le moins du monde répréhensible. On nous a dit que l'éducation politique du peuple n'était pas faite et que c'était à nous de la diriger ; j'ai cru devoir faire comprendre tous les bienfaits qu'on devait attendre d'une véritable République.

L'INSPECTEUR. — Le mot *véritable* , dont vous vous servez , me prouve que l'on ne m'a pas trompé.

L'INSTITUTEUR. — Je ne chercherai pas à dissimuler avec vous , M. l'Inspecteur. Je trouve que la République n'a pas tenu toutes les promesses qu'elle avait faites en remplaçant la monarchie.

L'INSPECTEUR. — Les hommes qui se sont rués sur le pouvoir , dès le principe , ressemblaient assez à une troupe d'enfants avides de posséder un bijou dont ils ne connaissent pas le mécanisme. Ils ont commencé par en déplacer les rouages , par en tirailler les ressorts , avec l'intention plus ou moins sincère de les perfectionner. Le maître du bijou s'est aperçu trop tard qu'il avait affaire à de mauvais ouvriers, et il les a menacés de les en dessaisir. Craignant de voir se briser entre leurs mains un objet qu'ils avaient convoité depuis longtemps, ils se sont empressés de renvoyer les plus mutins d'entr'eux, et de remettre les mouvements dans leurs conditions premières, avec toutes les imperfections dont elles étaient entourées. Malheureusement les mouvements s'étaient usés par le frottement, les ressorts avaient perdu leur élasticité, le mécanisme a repris son action, mais d'une manière lente et pénible et sans aucune garantie de durée, entre les mains de ces ouvriers inexpérimentés ; ils ont cependant dépensé des sommes énormes pour arriver à ce triste résultat.

L'INSTITUTEUR. — C'est ce qui me faisait vous dire, Monsieur l'Inspecteur, qu'on n'a pas tenu tout ce qu'on avait promis. Nous devions, nous, devenir de véritables fonctionnaires, chargés de surveiller la conduite des maires et des curés, et nous sommes toujours de pauvres maîtres d'école avec un traitement modique et une position précaire.

L'INSPECTEUR. — Voilà pourquoi vous vous êtes mis à prêcher le communisme et à vous déclarer le champion des hommes hostiles à la société et à la République elle-même. Vous vous figurez, en prêchant le communisme, mettre en avant une doctrine toute nouvelle ; mais rien n'est plus vieux et plus usé. Lycurgue, le législateur de Sparte, en avait fait le fondement de sa constitution; il avait voulu établir un véritable phalanstère; mais alors cette puissante république, y compris la ville et la campagne, comptait à peine cinquante mille âmes, que l'Etat s'était chargé de nourrir à une table commune, avec un mauvais brouet noir. C'était, je l'espère, mettre bien en pratique le système de l'égalité ; quant à la liberté elle n'avait pas ses coudées aussi franches , car il n'était permis à personne de dîner tranquillement chez soi et de s'abstenir du banquet préparé par les cuisiniers de la république. Quand Sparte eut acquis plus d'importance , quand l'expérience l'eut mieux éclairée, elle fit raison de cette conception ridicule, et s'empressa de sortir du bourbier où vous trouveriez charmant de nous précipiter. Vous voyez, monsieur , qu'il n'y a rien de nouveau dans le monde. J'espère que cela n'arrivera plus , et que vous ne me forcerez pas à vous appeler une seconde fois. La position pécuniaire des instituteurs s'améliorera peu à peu , je n'en doute pas ; mais on ne songera plus , je l'espère , à en faire des espions et des agents de police, comme cela avait lieu, sous le Gouvernement provisoire , à l'égard des Directeurs des Postes et des facteurs ruraux , chargés de signaler à la Direction générale , les maires qui se refusaient, ou seulement mettaient de la mauvaise volonté, à faire placarder les Bulletins du Ministère.

L'Instituteur — Vous me traitez bien durement, Monsieur l'Inspecteur. Assurément je n'ai jamais cru être l'espion de personne. J'ai agi suivant ma conscience et mes convictions, j'ai pu me tromper, voilà tout.

L'Inspecteur. — J'aime à le croire, Monsieur; aussi me suis-je borné à vous donner un premier avertissement. Ceux de vos collègues qui se sont laissé pervertir par les mêmes doctrines sont heureusement peu nombreux, et je vous déclare que je ne suis nullement disposé à leur permettre de marcher dans cette mauvaise voie. Pour que vos devoirs soient d'accord avec votre conscience, vous devez vous borner à donner aux enfants de la commune la meilleure instruction possible, à les moraliser, à leur apprendre à aimer Dieu, à honorer la famille, à respecter les lois et la propriété, enfin à leur faire comprendre que le bonheur du peuple ne se rencontre jamais au milieu des troubles et des dissentions.

L'Instituteur. — Permettez-moi, Monsieur l'Inspecteur, de vous demander un avis. Nous voici arrivés à une époque où tous les esprits sont occupés de la nomination du Président de la République; d'après vos observations, je suis fort embarrassé de savoir auquel des candidats je dois donner la préférence.

L'Inspecteur. — D'après ces mêmes observations, votre question est tout-à-fait intempestive. Vous donnerez votre voix à qui bon vous semblera, et vous laisserez les autres agir comme ils l'entendront.

L'Instituteur. — Je me soumettrai à vos instructions, Monsieur l'Inspecteur ; toutefois avant de vous quitter je ne dois pas vous le dissimuler, à l'exception du nouveau percepteur et du nouveau juge-de-paix, qui n'inspirent pas une grande confiance, toutes les voix se porteront sur M. LOUIS-NAPOLÉON BONAPARTE.

---

## Un Fabricant et un Marchand.

---

Le Fabricant. — Vous dites donc, mon cher Monsieur, que votre vente ne reprend pas ?

Le Marchand. — Autant vaudrait dire qu'elle est nulle, Monsieur ; car on n'appelle pas vendre, quand on donne à perte quelques articles d'absolue nécessité. Au commencement de l'hiver, les consommateurs, après être restés huit mois sans faire aucune dépense, se sont trouvés dépourvus de tout ; il a bien fallu alors faire des emplettes indispensables, mais cela avec une parcimonie vraiment désespérante. Du reste, Messieurs les fabricants, vous devez mieux savoir que nous comment tout cela va.

Le Fabricant. — J'avais un léger espoir de voir reprendre les affaires ; j'ai reçu plusieurs commandes assez importantes, à la vérité la plupart pour l'étranger, et encore à des conditions tellement défavorables, qu'il me serait impossible de continuer long-temps ma fabrication sur ce pied. J'ai cru devoir faire un véritable sacrifice en faveur de mes ouvriers ; j'ai voulu leur assurer du pain pendant la saison rigoureuse.

Le Marchand. — Vous êtes donc, en général, content de vos ouvriers ?

Le Fabricant. — J'en ai bien eu un certain nombre de fort disposés à se laisser séduire par les théories perverses, au moyen desquelles on a cherché à corrompre leur esprit. J'ai trouvé le moyen de renvoyer les plus mutins, qui sont allés à Paris grossir le flot des têtes écervelées, des paresseux et des fainéants. Tous les autres sont revenus à des idées plus saines et à leur bon sens ordinaire. Ils sentent maintenant que par les grèves, les émeutes, les révolutions, ils n'ont absolument rien à gagner. Ils se reconnaissent tous pour dupes d'un certain nombre d'intrigants, qui, parvenus à leur but, les laisseraient volontiers mourir de faim, et seraient très-disposés à faire taire brutalement toute espèce de réclamations.

Le Marchand. — Vous leur avez rendu un grand service en les moralisant ainsi, et vous en avez rendu un, en même temps, à la société. Ce serait bien heureux si l'on pouvait arriver partout à leur inculquer cette vérité : que nulle forme de gouvernement ne peut leur procurer une poule au pot chaque jour, s'ils n'ont su, par leur travail, gagner d'avance l'argent indispensable pour en faire l'acquisition au marché.

Le Fabricant. — C'est bien là, mon cher Monsieur, la véritable cause de toutes nos discordes. Les ouvriers tiennent en général fort peu aux libertés dont on leur fait un pompeux étalage, et qu'ils ont de la peine à s'expliquer; il en est de même de leur droit de souveraineté. La plupart d'entre eux ne se donneraient même pas la peine de l'exercer, s'ils n'espéraient en tirer avantage pour l'amélioration de leur bien-être matériel, en faisant augmenter le prix de leur journée et diminuer la somme de leur travail. J'ai expliqué aux hommes de mes ateliers comment la France, produisant au-delà de ses besoins, était obligée d'exporter à l'étranger une partie de sa fabrication, comment, nous trouvant en rivalité avec les peuples voisins, qui nous font une rude concurrence, nous ne pouvions augmenter le prix des objets de notre commerce, sous peine de les voir rester invendus. Je leur ai fait comprendre encore que si la consommation à l'intérieur peut augmenter, la fortune particulière ayant des limites qu'elle ne peut dépasser, c'est seulement par la diminution du prix de la marchandise. Cela m'a porté à leur parler des mécaniques, contre lesquelles on leur a monté la tête, et me bornant à leur développer les explications précédentes, je leur ai facilement prouvé que, pour n'arriver à aucun résultat, il faudrait faire disparaître simultanément les mécaniques, non-seulement par toute l'Europe, mais encore en Amérique, sans quoi l'inégalité dans les moyens de fabrication amènerait nécessairement la ruine de notre pays, et nous enlèverait pour long-temps tout espoir de prospérité. La majeure partie de mes ouvriers sont d'honnêtes pères de famille, des hommes de bon sens; ils ont écouté attentivement mes raisons, et sont venus ensuite me dénoncer eux-mêmes les plus turbulents d'entre eux. C'étaient naturellement les plus débauchés, j'ai profité du réglement de la maison qui prescrit le renvoi immédiat de tout ouvrier absent, sans motif, deux jours dans une semaine; alors le calme s'est complètement rétabli. Ceux qui restent, comme je vous le disais, me savent gré des sacrifices que jai faits pour leur procurer du travail; aussi serait-on fort mal venu, je crois, si l'on allait aujourd'hui leur prêcher l'insurrection.

Le Marchand. — Et, prévoyez-vous un peu la fin de la terrible crise qui ne manquerait pas de nous conduire tous à notre ruine si l'on n'y mettait pas un terme ?

Le Fabricant. — J'espère une amélioration, bien nécessaire, après la nomination du président de la République.

Le Marchand. — Sur quel candidat les voix se portent-elles dans votre département ?

Le Fabricant. — Il n'y a vraiment que deux candidats sérieux. Dans les villes, les voix sont assez divisées, mais la campagne donnera la majorité au prince Louis-Napoléon.

Le Marchand. — C'est absolument la même chose ici. Voyons, à votre avis, lequel des deux peut le mieux nous tirer d'embarras ?

Le Fabricant. — Je vous avoue que je me suis fait la même question. Mais en y réfléchissant, quand j'ai vu la partie de la société, appartenant aux diverses opinions modérées, cette partie de la société qui peut seule ramener le crédit ; quand j'ai vu les hautes capacités de l'Assemblée, dans lesquels tous les hommes d'ordre et de paix ont placé leur confiance, se réunir sur le candidat des campagnes, je n'ai plus balancé et je suis très-disposé à lui porter les voix de mes cent cinquante ouvriers avec la mienne.

Le Marchand. — Je crains le désordre autant que vous, bien que ma fortune ne soit pas aussi considérable, et je désire non moins la reprise des affaires. On dit que l'autre candidat est dévoué au parti rouge, et que, si la majorité lui fait défaut, il soufflera la révolte pour conserver le pouvoir ; cela ne nous arrangerait pas ?

Le Fabricant. — Je n'ai pas l'avantage de le

connaître, j'ignore ses sentiments, et je ne puis pas me permettre de juger ses intentions. Dans tous les cas, je ne le crois pas assez maladroit d'engager une partie aussi périlleuse ; nous sommes encore trop près du mois de juin pour croire que la province ne s'empresserait pas de courir à la défense de Paris. On répand de semblables bruits, cela ne m'étonne pas. Tous les moyens sont bons aux agents subalternes ; on a déjà tant joué de comédies, on a déjà tant de fois trompé le pays, qu'il n'est pas, du moins pour le moment, disposé à se laisser surprendre de nouveau.

Le Marchand. — Vous me rendez, ma foi, un véritable service ; comme je ne tiens pas plus à l'un qu'à l'autre, je donnerai ma voix à celui qui, à votre avis, offre le plus de chances de faire renaître le commerce. Je voterai pour M. LOUIS-NAPOLÉON BONAPARTE.

## Un Légitimiste et un Conservateur.

—

Le Conservateur. — Il y a bien long-temps, mon voisin, que, divisés par la politique, nous avons cessé de nous voir ; mais aujourd'hui que nous sommes arrivés au même point, je ne sais si vous éprouvez comme moi le besoin de nous rapprocher.

Le Légitimiste. — Je l'éprouve d'autant plus, mon digne voisin, que nous sommes arrivés les uns et les autres sur les bords de l'abîme. J'espère que nous saurons nous entendre désormais pour le bien de notre pays. Vous avez reçu une terrible leçon, Messieurs de 1830, dont nous avons, nous autres, supporté le contre-coup. Vous avez subi la peine du talion.

Le Conservateur. — Nous avons commis des fautes, c'est vrai ; mais vous n'en êtes pas exempts non plus. Cessons de nous faire des reproches, oublions le passé, tâchons d'améliorer le présent, et travaillons pour le bonheur de l'avenir.

Le Légitimiste. — Nous n'avons qu'une seule voie à suivre, c'est de donner un loyal concours à la forme de gouvernement qu'on nous a imposé, c'est de l'entourer des meilleurs éléments possibles, et de voir, en en faisant un essai sérieux, si la France peut être heureuse, peut être grande et prospère avec la République.

Le Conservateur. — Je suis bien aise de vous voir dans ce sentiment, je le partage tout-à-fait ; je ne doute pas que, sous beaucoup de points, nous ne nous entendions parfaitement.

Le Légitimiste. — Si nous l'avions fait dès le principe, si nous avions marché franchement ensemble, nous n'en serions pas où nous sommes.

Le Conservateur. —Les deux partis ont mis, de chacun leur coté, je le reconnais, beaucoup trop d'entêtement. Nous nous figurions que vous aviez conservé des espérances qu'il nous était impossible de seconder.

Le Légitimiste. — C'est une erreur profonde, je vous l'assure, pour mon compte particulier. Vouloir établir aujourd'hui un trône monarchique en faveur de M. le comte de Chambord, ce serait d'un côté, j'en suis convaincu, chose absolument impossible, de l'autre ce serait nuire à ses propres intérêts.

Le Conservateur. — Tous les légitimistes ne sont peut-être pas aussi sages que vous. Enfin nous nous sommes tendu la main et nous nous sommes promis d'oublier nos discordes politiques. La question la plus importante aujourd'hui, celle qui doit nous préoccuper avant tout, c'est à n'en pas douter la présidence de la République. Nous nous rencontrerons, je l'espère, sur le même candidat.

Le Légitimiste. — Faisant abnégation de mes regrets personnels, envisageant l'intérêt du pays, que je considère avant tout, je suis décidé à appuyer la candidature du neveu de l'Empereur, et je suis même disposé à lui prêter un loyal concours. Si jamais M. le comte de Chambord remonte sur le trône de S.-Louis, il faut qu'il y soit appelé par le vœu libre de la nation. Tout autre moyen serait fatal à sa cause, et nul homme sensé, même son plus fidèle ami, ne peut le désirer autrement.

Le Conservateur. — Il pourrait bien attendre long-temps.

Le Légitimiste. — J'ignore les desseins de la Providence, seulement, je vous le dis avec la plus grande sincérité, si j'étais son partisan *quand même*, si je ne mettais pas avant sa personne l'intérêt sacré de la patrie, si je ne craignais pas de la livrer à l'anarchie et à tous les malheurs qui en sont la suite, je ne verrais pas, pour lui rendre, à lui, l'héritage de ses ayeux, je ne verrais pas, dis-je, de meilleur moyen que d'employer tous mes efforts à écarter la candidature du prince Louis-Napoléon.

Le Conservateur. — Eh bien, moi, mon voisin, je vous avouerai avec franchise que si le chef du pouvoir exécutif ne se fût pas montré comme la continuation du système qui a ruiné la France; comme la personnification des ambitieux qui se sont emparés du pouvoir, et n'ont pas craint d'attenter à nos libertés; qui, semblables à des médecins ignorants, se sont préoccupés de guérir les plaies extérieures du corps social, sans songer au cœur, dévoré depuis huit mois par un horrible cancer; si je n'avais pas vu la corruption se présenter sous toutes ses faces, jusqu'aux représentants de l'Assemblée transformés en courtiers électoraux, je lui aurais sans doute donné ma voix. Peut-être, sur le premier point, n'est-il pas coupable, peut-être a-t-il les meilleures intentions, mais sa position lui faisait un devoir de se dessiner franchement ; peut-être, sur le second point, n'a-t-il pas provoqué le zèle de ses partisans mais ses partisans lui ont fait beaucoup de tort dans les esprits, le bon homme avait raison : mieux vaut un sage ennemi qu'un imprudent ami. Je voterai pour votre candidat.

Le Légitimiste. — Dès-lors il ne nous est pas difficile de nous entendre. Dieu fasse que les hommes amis de la paix et de l'ordre, s'entendent aussi bien que nous pour faire renaître la confiance, et nous pouvons espérer de voir notre pauvre France soustraite à la ruine dont elle est menacée.

Le Conservateur. — Nous nous verrons, j'espère avant le jour où nous irons déposer notre bulletin portant le nom de LOUIS-NAPOLÉON BONAPARTE.

### Un Propriétaire et un Fermier.

---

Le Fermier. — Je viens, notre maître, vous apporter une partie de ma location; mais il m'est impossible de m'acquitter entièrement.

Le Propriétaire. — Tant pis, mon cher, car je suis véritablement accablé par toutes les pertes que j'ai eues à subir cette année, soit dans les spéculations particulières, soit par les banqueroutes; sans compter l'impôt extraordinaire qu'il m'a fallu payer.

Le Fermier. — Que voulez-vous, notre maître, rien ne se vend avec faveur : la majeure partie des denrées ont diminué de moitié, encore ne trouve-t-on pas à s'en défaire.

Le Propriétaire. — Je sais malheureusement, d'avance, mon ami, tout ce que tu peux me dire à cet égard. Si un homme d'ordre comme toi, tu ne réussis pas, assurément il y en aura bien d'autres.

Le Fermier. — C'est bien vrai, notre maître, et à tel point que si les choses ne changent pas, je préférerais vous remettre votre ferme.

Le Propriétaire. — Il faut un peu de patience, mon vieux serviteur; tu n'es pas le seul à me tenir le même langage, nous tâcherons de nous aider les uns les autres.

Le Fermier. — Si ça pouvait reprendre un peu, je m'empresserais de m'acquitter de mon année.

Le Propriétaire. — Je le sais, je connais toute ta probité, aussi n'ai-je pas l'intention de te tourmenter.

Le Fermier. — C'est que, voyez-vous, il est impossible qu'on puisse longtemps marcher comme ça.

Le Propriétaire. — Nous avons à peine quinze jours à attendre jusqu'à la nomination du Président de la République, et on espère ensuite voir renaître la confiance.

Le Fermier. — Puissiez-vous dire vrai, notre maître, mais j'en doute.

Le Propriétaire. — Et pourquoi, s'il vous plaît.

Le Fermier. — Parce que, notre maître; ils disent tous dans notre commune que la République ne peut pas faire de bien, et qu'il nous faut un empereur, si nous ne voulons pas être ruinés.

Le Propriétaire. — Et qui donc a pu vous donner cette idée là ?

Le Fermier. — Tenez, notre maître, je vais vous dire la vérité; nous sommes peut-être aussi instruits qu'à la ville. Il est venu dernièrement chez nous deux beaux messieurs, et bien instruits, je vous assure, qui voulaient acheter toutes sortes de denrées, mais nous n'avons pas voulu leur vendre, parce qu'ils avaient été assez maladroits pour nous dire d'avance que le commerce allait reprendre aussitôt que le neveu du vieux de la vieille serait nommé empereur.

Le Propriétaire. — Mais songe donc, mon ami, que cela ne se fait pas aussi facilement que tu parais le penser.

Le Fermier. — Pardon, notre maître, ils nous ont bien expliqué que la nation avait le droit de voter comme elle l'entendrait et pour qui elle voudrait, et que, si c'était notre intention de ne pas avoir la République, il suffirait de mettre sur nos bulletins : Le prince *Louis-Napoléon*, *Empereur*.

Le Propriétaire. — Mais, on vous a indignement trompés, mes pauvres gens !

Le Fermier. — Ils nous ont pourtant bien dit qu'ils avaient voyagé dans beaucoup de départements, et que tout le monde était disposé à s'entendre là-dessus.

Le Propriétaire. — C'est une indigne rouerie qu'il faut s'empresser de déjouer. Vous n'avez pas le droit, remarque-le bien, de nommer un roi ou un empereur, ni même de donner le titre de prince. Toutes vos voix seraient perdues, tous vos bulletins seraient annulés.

Le Fermier. — Vous avez bien fait de me parler de cela, notre maître, car nous étions bien décidés à voter tous de la même manière.

Le Propriétare. — Puisque vous êtes d'accord sur le nom de votre candidat, dis bien à tous les hommes de ta commune de ne pas prendre de bulletin, s'il n'est sur papier blanc, et s'il porte d'autre désignation que ces mots :

*Président de la République :*

M. LOUIS-NAPOLÉON BONAPARTE.



Le Mans, Imprimerie de Gallienne, rue de la Paille, 10. — 1848.

www.ingramcontent.com/pod-product-compliance
Lightning Source LLC
LaVergne TN
LVHW020412230826
846091LV00004B/1248

* 9 7 8 2 0 1 2 4 5 9 4 8 9 *